CODE

DE LA CHASSE

concernant

LA LOI DU 3 MAI 1844,

LES INSTRUCTIONS

DES MINISTRES DE LA JUSTICE ET DE L'INTÉRIEUR,

ET

LES FORMULES

DES ACTES RELATIFS A SON EXÉCUTION.

Prix : 50 c.

GRENOBLE,

PRUDHOMME ET BLANCHET, IMPRIMEURS-ÉDITEURS,
Rue Lafayette, 14, au 2me.

1844.

CODE

DE LA CHASSE.

Grenoble, imp. Prudhomme.

CODE
DE LA CHASSE

contenant

LA LOI DU 3 MAI 1844

LES INSTRUCTIONS

DES MINISTRES DE LA JUSTICE ET DE L'INTÉRIEUR

et

LES FORMULES

des actes relatifs à son exécution.

GRENOBLE

PRUDHOMME ET BLANCHET, IMPRIMEURS-ÉDITEURS

Rue Lafayette, 14.

1844

CODE DE LA CHASSE.

LOI SUR LA POLICE DE LA CHASSE.

Du 3 mai 1844.

LOUIS-PHILIPPE, etc.;
Nous avons proposé, les chambres ont adopté, NOUS AVONS ORDONNÉ et ORDONNONS ce qui suit :

SECTION Ire.

DE L'EXERCICE DU DROIT DE CHASSE.

Art. 1er. Nul ne pourra chasser, sauf les exceptions ci-après, si la chasse n'est pas ouverte, et s'il ne lui a pas été délivré un permis de chasse par l'autorité compétente.

Nul n'aura la faculté de chasser sur la propriété d'autrui sans le consentement du propriétaire ou de ses ayants droit.

Art. 2. Le propriétaire ou possesseur peut chasser ou faire chasser en tout temps, sans permis de chasse, dans ses possessions attenant à une habitation et entourée d'une clôture continue faisant obstacle à toute communication avec les héritages voisins.

Art. 3. Les préfets détermineront, par des arrêtés publiés au moins dix jours à l'avance, l'époque de l'ouverture et celle de la clôture de la chasse, dans chaque département.

Art. 4. Dans chaque département il est interdit de mettre en vente, de vendre, d'acheter, de transporter et de colporter du gibier pendant le temps où la chasse n'y est pas permise.

En cas d'infraction à cette disposition, le gibier sera saisi et immédiatement livré à l'établissement de bienfaisance le plus voisin, en vertu, soit d'une ordonnance du juge de paix, si la saisie a eu lieu au chef-lieu de canton, soit d'une autorisation du maire, si le juge de paix est absent, ou si la saisie a été faite dans une commune autre que celle du chef-lieu. Cette ordonnance ou cette autorisation sera délivrée sur la requête des agents ou gardes qui auront opéré la saisie, et sur la présentation du procès-verbal régulièrement dressé.

La recherche du gibier ne pourra être faite à domicile que chez les aubergistes, chez les marchands de comestibles et dans les lieux ouverts au public.

Il est interdit de prendre ou de détruire, sur le terrain d'autrui, des œufs et des couvées de faisans, de perdrix et de cailles.

Art. 5. Les permis de chasse seront délivrés, sur l'avis du maire et du sous-préfet, par le préfet du département dans lequel celui qui en fera la demande aura sa résidence ou son domicile.

La délivrance des permis de chasse donnera lieu au paiement d'un droit de quinze francs (15 fr.) au profit de l'Etat, et de dix francs (10 fr.) au profit de la commune dont le maire aura donné l'avis énoncé au paragraphe précédent.

Les permis de chasse seront personnels; ils seront valables pour tout le royaume, et pour un an seulement.

Art. 6. Le préfet pourra refuser le permis de chasse,

1° A tout individu majeur qui ne sera point personnellement inscrit, ou dont le père ou la mère ne serait pas inscrit au rôle des contributions ;

2° A tout individu qui, par une condamnation judiciaire, a été privé de l'un ou de plusieurs des droits énumérés dans l'art. 42 du Code pénal, autres que le droit de port d'armes ;

3° A tout condamné à un emprisonnement de plus de six mois pour rébellion ou violence envers les agents de l'autorité publique ;

4° A tout condamné pour délit d'association illicite, de fabrication, débit, distribution de poudre, armes ou autres munitions de guerre ; de menaces écrites ou de menaces verbales avec ordre ou sous condition ; d'entraves à la circulation des grains ; de dévastation d'arbres ou de récoltes sur pied, de plants venus naturellement ou faits de main d'homme ;

5° A ceux qui auront été condamnés pour vagabondage, mendicité, vol, escroquerie ou abus de confiance.

La faculté de refuser le permis de chasse aux condamnés dont il est question dans les paragraphes 3, 4 et 5 cessera cinq ans après l'expiration de la peine.

Art. 7. Le permis de chasse ne sera pas délivré,

1° Aux mineurs qui n'auront pas seize ans accomplis ;

2° Aux mineurs de seize à vingt et un ans, à moins que le permis ne soit demandé pour eux par leur père, mère, tuteur ou curateur, porté au rôle des contributions ;

3° Aux interdits ;

4° Aux gardes champêtres ou forestiers des communes et établissements publics, ainsi qu'aux gardes forestiers de l'Etat et aux gardes-pêche.

Art. 8. Le permis de chasse ne sera pas accordé,

[illegible]

1o A ceux qui, par suite de condamnatoins, sont privés du droit de port d'armes;

2o A ceux qui n'auront pas exécuté les condamnations prononcées contre eux pour l'un des délits prévus par la présente loi ;

3o A tout condamné placé sous la surveillance de la haute police.

Art. 9. Dans le temps où la chasse est ouverte, le permis donne, à celui qui l'a obtenu, le droit de chasser de jour, à tir et à courre, sur ses propres terres, et sur les terres d'autrui avec le consentement de celui à qui le droit de chasse appartient.

Tous autres moyens de chasse, à l'exception des furets et des bourses destinés à prendre le lapin, sont formellement prohibés.

Néanmoins les préfets des départements, sur l'avis des conseils généraux, prendront des arrêtés pour déterminer,

1o L'époque de la chasse des oiseaux de passage, autres que la caille, et les modes et procédés de cette chasse ;

2o Le temps pendant lequel il sera permis de chasser le gibier d'eau, dans les marais, sur les étangs, fleuves et rivières ;

3o Les espèces d'animaux malfaisants ou nuisibles que le propriétaire, possesseur ou fermier, pourra en tout temps détruire sur ses terres, et les conditions de l'exercice de ce droit, sans préjudice du droit appartenant au propriétaire ou au fermier de repousser ou de détruire, même avec des armes à feu, les bêtes fauves qui porteraient dommage à ses propriétés.

Ils pourront prendre également des arrêtés,

1o Pour prévenir la destruction des oiseaux;

2o Pour autoriser l'emploi des chiens lévriers pour la destruction des animaux malfaisants ou nuisibles ;

3o Pour interdire la chasse pendant les temps de neige.

Art. 10. Des ordonnances royales détermineront la gratification qui sera accordée aux gardes et gendarmes rédacteurs des procès-verbaux ayant pour objet de constater les délits.

SECTION II.

DES PEINES.

Art. 11. Seront punis d'une amende de seize à cent francs,

1o Ceux qui auront chassé sans permis de chasse;

2o Ceux qui auront chassé sur le terrain d'autrui sans le consentement du propriétaire.

L'amende pourra être portée au double si le délit a été commis sur des terres non dépouillées de leurs fruits, ou s'il a été commis sur un terrain entouré d'une clôture continue faisant obstacle à toute communication avec les héritages voisins, mais non attenant à une habitation.

Pourra ne pas être considéré comme délit de chasse le fait du passage des chiens courants sur l'héritage d'autrui, lorsque ces chiens seront à la suite d'un gibier lancé sur la propriété de leurs maîtres, sauf l'action civile, s'il y a lieu, en cas de dommage;

3o Ceux qui auront contrevenu aux arrêtés des préfets concernant les oiseaux de passage, le gibier d'eau, la chasse en temps de neige, l'emploi des chiens lévriers, ou aux arrêtés concernant la destruction des oiseaux et celle des animaux nuisibles ou malfaisants;

4o Ceux qui auront pris ou détruit, sur le terrain d'autrui, des œufs ou couvées de faisans, de perdrix ou de cailles;

5o Les fermiers de la chasse, soit dans les bois

soumis au régime forestier, soit sur les propriétés dont la chasse est louée au profit des communes ou établissements publics, qui auront contrevenu aux clauses et conditions de leurs cahiers de charges relatives à la chasse.

Art. 12. Seront punis d'une amende de cinquante à deux cents francs, et pourront en outre l'être d'un emprisonnement de six jours à deux mois,

1o Ceux qui auront chassé en temps prohibé;

2o Ceux qui auront chassé pendant la nuit ou à l'aide d'engins et instruments prohibés, ou par d'autres moyens que ceux qui sont autorisés par l'art. 9;

3o Ceux qui seront détenteurs ou ceux qui seront trouvés munis ou porteurs, hors de leur domicile, de filets, engins ou autres instruments de chasse prohibés;

4o Ceux qui, en temps où la chasse est prohibée, auront mis en vente, vendu, acheté, transporté ou colporté du gibier;

5o Ceux qui auront employé des drogues ou appâts qui sont de nature à enivrer le gibier ou à le détruire;

6o Ceux qui auront chassé avec appeaux, appelants ou chanterelles.

Les peines déterminées par le présent article pourront être portées au double contre ceux qui auront chassé pendant la nuit sur le terrain d'autrui et par l'un des moyens spécifiés au parag. 2, si les chasseurs étaient munis d'une arme apparente ou cachée.

Les peines déterminées par l'article 11 et par le présent article seront toujours portées au maximum lorsque les délits auront été commis par les gardes champêtres ou forestiers des communes, ainsi que par les gardes forestiers de l'Etat et des établissements publics.

Art. 13. Celui qui aura chassé sur le terrain d'autrui sans son consentement, si ce terrain est attenant à une maison habitée ou servant à l'habitation, et s'il est entouré d'une clôture continue faisant obstacle à toute communication avec les héritages voisins, sera puni d'une amende de cinquante à trois cents francs, et pourra l'être d'un emprisonnement de six jours à trois mois.

Si le délit a été commis pendant la nuit, le délinquant sera puni d'une amende de cent francs à mille francs, et pourra l'être d'un emprisonnement de trois mois à deux ans, sans préjudice, dans l'un et l'autre cas, s'il y a lieu, de plus fortes peines prononcées par le Code pénal.

Art. 14. Les peines déterminées par les trois articles qui précèdent pourront être portées au double si le délinquant était en état de récidive, s'il était déguisé ou masqué, s'il a pris un faux nom, s'il a usé de violence envers les personnes, ou s'il a fait des menaces, sans préjudice, s'il y a lieu, de plus fortes peines prononcées par la loi.

Lorsqu'il y aura récidive, dans les cas prévus en l'art. 11, la peine de l'emprisonnement de six jours à trois mois pourra être appliquée si le délinquant n'a pas satisfait aux condamnations précédentes.

Art. 15. Il y a récidive lorsque, dans les douze mois qui ont précédé l'infraction, le délinquant a été condamné en vertu de la présente loi.

Art. 16. Tout jugement de condamnation prononcera la confiscation des filets, engins et autres instruments de chasse. Il ordonnera, en outre, la destruction des instruments de chasse prohibés.

Il prononcera également la confiscation des armes, excepté dans le cas où le délit aura été commis par un individu muni d'un permis de chasse, dans le temps où la chasse est autorisée.

Si les armes, filets, engins ou autres instruments de chasse n'ont pas été saisis, le délinquant sera condamné à les représenter ou à en payer la valeur suivant la fixation qui en sera faite par le jugement, sans qu'elle puisse être au-dessous de cinquante francs.

Les armes, engins ou autres instruments de chasse, abandonnés par les délinquants restés inconnus, seront saisis et déposés au greffe du tribunal compétent. La confiscation et, s'il y a lieu, la destruction en seront ordonnées sur le vu du procès-verbal.

Dans tous les cas, la quotité des dommages-intérêts est laissée à l'appréciation des tribunaux.

Art. 17. En cas de conviction de plusieurs délits prévus par la présente loi, par le Code pénal ordinaire ou par les lois spéciales, la peine la plus forte sera seule prononcée.

Les peines encourues pour des faits postérieurs à la déclaration du procès-verbal de contravention pourront être cumulées, s'il y a lieu, sans préjudice des peines de la récidive.

Art. 18. En cas de condamnation pour délits prévus par la présente loi, les tribunaux pourront priver le délinquant du droit d'obtenir un permis de chasse pour un temps qui n'excédera pas cinq ans.

Art. 19. La gratification mentionnée en l'art. 10 sera prélevée sur le produit des amendes.

Le surplus desdites amendes sera attribué aux communes sur le territoire desquelles les infractions auront été commises.

Art. 20. L'art. 463 du Code pénal ne sera pas applicable aux délits prévus par la présente loi.

SECTION III.

DE LA POURSUITE ET DU JUGEMENT.

Art. 21. Les délits prévus par la présente loi seront prouvés, soit par procès-verbaux ou rapports, soit par témoins, à défaut de rapports et procès-verbaux, ou à leur appui.

Art. 22. Les procès-verbaux des maires et adjoints, commissaires de police, officier, maréchal des logis ou brigadier de gendarmerie, gendarmes, gardes forestiers, gardes-pêche, gardes champêtres ou gardes assermentés des particuliers, feront foi jusqu'à preuve contraire.

Art. 23. Les procès-verbaux des employés des contributions indirectes et des octrois feront également foi jusqu'à preuve contraire, lorsque, dans la limite de leurs attributions respectives, ces agents rechercheront et constateront les délits prévus par le parag. 1er de l'art. 4.

Art. 24. Dans les vingt-quatre heures du délit, les procès-verbaux des gardes seront, à peine de nullité, affirmés par les rédacteurs devant le juge de paix ou l'un de ses suppléants, ou devant le maire ou l'adjoint, soit de la commune ou de leur résidence, soit de celle où le délit aura été commis.

Art. 25. Les délinquants ne pourront être saisis ni désarmés; néanmoins, s'ils sont déguisés ou masqués, s'ils refusent de faire connaître leurs noms, ou s'ils n'ont pas de domicile connu, ils seront conduits immédiatement devant le maire ou le juge de paix, lequel s'assurera de leur individualité.

Art. 26. Tous les délits prévus par la présente loi seront poursuivis d'office par le ministère public, sans préjudice du droit conféré aux parties lésées par l'art. 182 du Code d'instruction criminelle.

Néanmoins, dans le cas de chasse sur le terrain d'autrui sans le consentement du propriétaire, la poursuite d'office ne pourra être exercée par le ministère public, sans une plainte de la partie intéressée, qu'autant que le délit aura été commis dans un terrain clos, suivant les termes de l'article 2, et attenant à une habitation, ou sur des terres non encore dépouillées de leurs fruits.

Art. 27. Ceux qui auront commis conjointement

les délits de chasse seront condamnés solidairement aux amendes, dommages-intérêts et frais.

Art. 28. Le père, la mère, le tuteur, les maîtres et commettants, sont civilement responsables des délits de chasse commis par leurs enfants mineurs non mariés, pupilles demeurant avec eux, domestiques ou préposés, sauf tout recours de droit.

Cette responsabilité sera réglée conformément à l'art. 1384 du Code civil, et ne s'appliquera qu'aux dommages-intérêts et frais, sans pouvoir toutefois donner lieu à la contrainte par corps.

Art. 29. Toute action relative aux délits prévus par la présente loi sera prescrite par le laps de trois mois, à compter du jour du délit.

SECTION IV.

DISPOSITIONS GÉNÉRALES.

Art. 30. Les dispositions de la présente loi relatives à l'exercice du droit de chasse ne sont pas applicables aux propriétés de la couronne. Ceux qui commettraient des délits de chasse dans ces propriétés seront poursuivis et punis conformément aux sections II et III.

Art. 31. Le décret du 4 mai 1812 (1) et la loi du 30 avril 1790 sont abrogés.

Sont et demeurent également abrogés les lois, arrêtés, décrets et ordonnances intervenus sur les matières réglées par la présente loi, en tout ce qui est contraire à ses dispositions.

La présente loi, discutée, délibérée et adoptée par la chambre des pairs et par celle des députés, et sanctionnée par nous cejourd'hui, sera exécutée comme loi de l'Etat.

(1) IVe série, Bull. 434, n° 7983.

DONNONS EN MANDEMENT à nos cours et tribunaux, préfets, corps administratifs, et tous autres, que les présentes ils gardent et maintiennent, fassent garder, observer et maintenir, et, pour les rendre plus notoires à tous, ils les fassent publier et enregistrer partout où besoin sera; et, afin que ce soit chose ferme et stable à toujours, nous y avons fait mettre notre sceau.

Fait au palais des Tuileries, le troisième jour du mois de mai, l'an mil huit cent quarante-quatre.

Signé **LOUIS-PHILIPPE.**

Vu et scellé du grand sceau :

Le Garde des sceaux de France, Ministre Secrétaire d'Etat au département de la justice et des cultes,
Signé N. MARTIN (du Nord).

Par le roi :

Le Garde des sceaux de France, Ministre Secrétaire d'Etat au département de la justice et des cultes
Signé N. MARTIN (du Nord).

CIRCULAIRES MINISTÉRIELLES

CONCERNANT LA NOUVELLE LOI SUR LA CHASSE.

Circulaire

DE M. LE MINISTRE DE L'INTÉRIEUR.

Du 9 mai 1844.

Monsieur le procureur général, l'opinion publique accusait depuis longtemps notre législation sur la chasse de faiblesse et d'insuffisance. Elle demandait contre le braconnage des moyens de répression plus sévères et plus efficaces. Le vœu qu'elle a exprimé a été entendu par le gouvernement et les chambres : la loi sur la police de la chasse a été rendue. Si cette loi est exécutée comme elle doit l'être, avec une sage fermeté, elle fera cesser les abus qui excitaient de si vives et de si justes réclamations. Elle sera un bienfait pour la propriété et l'agriculture, qui regardent avec raison les braconniers comme l'un de leurs plus redoutables fléaux ; elle préservera le gibier de la destruction complète et prochaine dont il était menacé ; elle aura enfin un résultat moral qui doit l'agrandir et en relever l'importance aux yeux de tous les gens de bien : elle empêchera une classe nombreuse et intéressante de la société de se livrer à des habitudes d'oisiveté et de désordres qui conduisaient trop souvent au crime. Les fonctions que vous remplissez vous mettent à même de reconnaître et d'apprécier mieux que personne les avantages incontestables de cette loi. Je viens vous prier d'en surveiller l'exécution et vous signaler celles de ses dispositions sur lesquelles votre attention me paraît devoir se fixer plus particulièrement.

La loi est divisée en quatre sections, dont la première renferme toutes les prescriptions relatives à l'exercice du droit de chasse. Cette première partie est celle qui contient les innovations les plus nombreuses et les plus importantes.

ARTICLE PREMIER.

Permis de chasse.

L'art. 1er établit en principe que nul ne pourra chasser, même sur sa propriété, si la chasse n'est pas ouverte, et s'il ne lui a pas été délivré un permis de chasse par l'autorité compétente. Il modifie l'ancienne législation, en ce qu'il exige, pour tous les procédés et moyens de chasse, le permis de l'autorité, qui n'était exigé par le décret du 4 mai 1812 que pour la chasse au fusil; et afin de qualifier ce permis d'une manière qui en indique la portée, il lui donne le nom de permis de chasse au lieu du nom de permis de port d'armes de chasse, sous lequel le décret de 1812 le désignait. Pour être fidèle à la pensée de la loi, il faut entendre le mot chasse dans le sens le plus général, et l'appliquer sans distinction à la recherche, à la poursuite de tout animal sauvage ou de tout oiseau. C'est ainsi, au surplus, que ce mot a été entendu par la cour de cassation, même sous l'empire de la législation de 1790 et de 1812. Il en résulte que, quel que soit l'animal sauvage ou l'oiseau que l'on chasse, et s'il s'agit d'oiseaux de passage, quels que soient le moyen et le procédé de chasse dont on soit autorisé à se servir, un permis de chasse est nécessaire.

ART. 2.

Exception.

L'art. 2 admet une exception au principe général posé dans l'art. 1er : il autorise le « propriétaire ou possesseur à chasser ou faire chasser en tout temps dans ses possessions attenant à une habitation et entourées d'une clôture continue faisant obstacle à toute communication avec les héritages voisins. »

L'exception est beaucoup plus restreinte qu'elle ne l'était sous l'empire de la loi du 30 avril 1790. Cette dernière loi permettait au propriétaire ou possesseur de chasser en tout temps dans ses bois et dans celles de ses possessions qui étaient séparées des héritages voisins par des murs ou des haies vives, lors même qu'elles étaient éloignées d'un habitation. Dans certains départements, où presque tous les champs sont clos de haies, l'exception détruisait la règle ; d'un autre côté, on a reconnu que la chasse dans les bois à l'époque de la reproduction du gibier était aussi nuisible que la chasse en plaine. On a senti la nécessité de limiter l'exception autant que possible ; elle n'est donc accordée que pour les possessions attenant à une habitation, et il faudra encore que ces possessions soient entourées d'une clôture continue, formant obstacle à toute communication avec les héritages voisins.

J'appelle votre attention sur les termes employés par l'art. 2 pour désigner la clôture. Les expressions les plus fortes ont été choisies à dessein, pour bien faire comprendre qu'il ne s'agit pas ici d'une de ces clôtures incomplètes comme on en rencontre beaucoup dans les campagnes, mais d'une clôture non interrompue et tellement parfaite, qu'il soit impossible de s'introduire par un moyen ordinaire dans la propriété qui en est entourée.

Les modes de clôture ne sont pas les mêmes dans toute la France. Ils sont très-nombreux et varient à l'infini suivant les localités. C'est pour ce motif qu'il a paru nécessaire de ne pas indiquer dans la loi un genre de clôture plutôt qu'un autre, et de se contenter d'une définition qui serve de règle aux tribunaux.

ART. 4.

Prohibitions de la vente du gibier en temps de clôture de chasse.

L'art. 4 mérite une attention particulière, à cause des innovations graves qu'il introduit dans la législation, et des mesures efficaces qu'il prescrit pour prévenir et réprimer le braconnage.

Sous la législation antérieure, quoique la chasse fût interdite pendant une partie de l'année, le commerce du gibier était permis en tout temps; les braconniers, trouvant toujours à se défaire du produit de leurs délits, exerçaient leur coupable industrie dans toutes les saisons. Le paragraphe 1er de l'art. 4 détruira cette industrie. Il défend la mise en vente, la vente, l'achat, le transport et le colportage du gibier dans chaque département, pendant le temps où la chasse n'y est pas permise. Ses termes sont impératifs, absolus. Ils s'appliquent au gibier vendu, acheté ou transporté, quelle qu'en soit l'origine.

Celui qui usera du droit exceptionnel de chasser en temps prohibé sur son terrain, attenant à une habitation et entouré d'une clôture continue, n'aura pas, plus que tout autre, la faculté de vendre ou de transporter son gibier. On a pensé que lui accorder cette faculté, c'eût été donner à d'autres le moyen d'éluder la loi, c'eût été rendre illusoires toutes les prohibitions contenues dans l'art. 4.

Il est inutile de faire observer que le gibier d'eau et les oiseaux de passage pourront être vendus et transportés pendant le temps où la chasse en sera permise par les arrêtés des préfets, lors même que la chasse, et conséquemment la vente et le transport du gibier ordinaire, seraient interdits.

Saisie du gibier.

Le paragraphe 2 de l'art. 4, qui prescrit de saisir le gibier mis en vente, vendu, acheté, colporté ou transporté en temps prohibé, et de le livrer immédiatement à l'établissement de bienfaisance le plus voisin, a paru le complément nécessaire des dispositions du premier paragraphe de cet article.

La saisie ne présentera ni difficultés ni inconvénients dans son exécution. La mise en vente, la vente, l'achat, le transport, le colportage du gibier pendant le temps où la chasse n'est pas permise, constituent toujours et nécessairement une infraction à la loi. L'excuse, même celle qui serait fondée sur la provenance légitime du gibier, ne sera jamais admissible.

Le paragraphe 3 de l'art. 4 a limité les lieux où le gibier pourra être recherché, aux maisons des aubergistes, des marchands de comestibles, et aux lieux ouverts au public.

Le droit de recherche, ainsi limité, a pu être accordé sans danger aux fonctionnaires chargés de constater les infractions à l'art. 4. En effet, le gibier qui sera découvert en temps prohibé, dans les auberges, chez les marchands de comestibles, dans les lieux ouverts au public, ne pourra jamais s'y trouver que par suite d'un délit.

OEufs et couvées de faisans, etc.

Le dernier paragraphe de l'art. 4, en défendant de prendre ou de détruire sur le terrain d'autrui des œufs et des couvées de faisans, de perdrix et de cailles, a voulu porter remède à l'un des abus les plus nuisibles à la reproduction du gibier. Il importe que son exécution soit surveillée avec soin.

ART. 3, 5, 6, 7, 8.

Ouverture et clôture de la chasse.

Les art. 3, 5, 6, 7 et 8 règlent tout ce qui concerne l'ouverture, la clôture de la chasse et la délivrance des permis. Les préfets, qui sont chargés spécialement de les exécuter, recevront à ce sujet des instructions particulières de M. le ministre de l'intérieur.

ART. 9.

Modes de chasse.

L'art. 9 prohibe d'une manière formelle tous les genres de chasse, à l'exception de la chasse de jour à tir et à courre, et de la chasse au lapin à l'aide de furets et de bourses. Sans faire une nomenclature qui aurait été impossible, il embrasse dans sa prohibition générale l'emploi des panneaux et des filets, avec lesquels on détruisait des volées entières de perdreaux, l'usage meurtrier des lacets, des collets, et, en un mot, de tous les instruments de destruction permis par l'ancienne législation, qui ne profitaient qu'aux braconniers. Enfin, il interdit la plus dangereuse de toutes les chasses, la chasse de nuit, qui a été la cause de tant de meurtres et de crimes contre les personnes.

Oiseaux de passage.

Les dispositions prohibitives contenues dans les deux premiers paragraphes de l'art. 9 ont dû recevoir quelques exceptions, sans lesquelles elles auraient été beaucoup trop rigoureuses. Aussi le même article prescrit aux préfets de prendre des arrêtés pour déterminer, 1o l'époque de la chasse des oiseaux de passage, autres que la caille, et les modes et procédés de cette chasse; 2o le temps pendant lequel il sera permis de chasser le gibier d'eau dans les marais, sur les étangs, fleuves et rivières.

Ainsi, les préfets pourront autoriser la chasse des oiseaux de passage avec les instruments, les procédés usités dans le pays, même avec ceux dont l'usage est prohibé pour la chasse du gibier ordinaire.

La loi de 1790 donnait à tout propriétaire ou possesseur la faculté de chasser, en toute saison, sur ses lacs et étangs. La loi nouvelle ne lui permet cette chasse que pendant le temps qui sera déterminé par les préfets. Cette différence entre les deux législations ne vous aura pas échappé.

Bêtes fauves.

L'art. 15 de la loi de 1790 accordait aux propriétaires, possesseurs ou fermiers, le droit de repousser, même avec des armes à feu, les bêtes fauves qui se répandraient dans leurs récoltes, et celui de détruire le gibier dans leurs terres chargées de fruits, en se servant de filets et engins. La loi nouvelle n'a pas voulu leur enlever un droit de légitime défense, commandé par l'intérêt de l'agriculture, et qu'il ne faut pas confondre avec l'exercice de la chasse. Mais elle l'a réglé, afin d'empêcher de s'en servir comme d'un prétexte pour chasser dans toutes les saisons. Tel est l'objet de l'un des paragraphes de l'art. 9.

Conservation des oiseaux.

Les trois derniers paragraphes de cet article donnent aux préfets la faculté de prendre des arrêtés, 1° pour prévenir la destruction des oiseaux; 2° pour autoriser l'emploi des chiens lévriers pour la destruction des animaux malfaisants ou nuisibles; 3° pour interdire la chasse pendant les temps de neige.

Les mesures qui ont pour objet de prévenir la destruction des oiseaux ne seront pas nécessaires dans tous les départements; mais il en est plusieurs où elles seront réclamées dans l'intérêt de l'agriculture, afin d'arrêter la reproduction toujours croissante des insectes nuisibles aux fruits de la terre.

OEufs et couvées.

La loi, en prohibant l'usage des filets, a déjà fait beaucoup pour empêcher la destruction des oiseaux. Mais cette interdiction peut n'être pas toujours suffisante. Les préfets sont autorisés à employer d'autres moyens. Ainsi, par exemple, ils pourront, s'ils le jugent nécessaire, étendre aux œufs et couvées d'oiseaux la défense que le dernier paragraphe de l'art. 9 n'a prononcée qu'à l'égard des œufs et couvées de faisans, de perdrix et de cailles.

Chiens lévriers.

On aurait pu croire que l'emploi des chiens lévriers n'était pas compris dans les moyens de chasse prohibés. L'avant-dernier paragraphe de l'art. 9 lève toute équivoque à cet égard. Il est bien entendu que l'usage des lévriers est interdit s'il n'existe pas un arrêté du préfet qui l'autorise, et cet arrêté ne peut l'autoriser que pour la destruction des animaux malfaisants.

Chasse en temps de neige.

La chasse, pendant les temps de neige, est tellement destructive, qu'il a paru utile de donner aux préfets le pouvoir de la défendre par des arrêtés.

ART. 11.

Peines.

La seconde section de la loi détermine les peines applicables aux diverses infractions qui y sont énumérées. Ces peines sont: l'amende dans tous les cas, l'emprisonnement facultatif dans des cas spécifiés, la confiscation des instruments du délit et la privation facultative, pendant cinq ans au plus, du droit d'obtenir un permis de chasse. Une disposition formelle défend de modifier les peines par l'application de l'art. 463 du Code pénal.

Tous les délits, à l'exception d'un seul, qui, à raison de son importance, est l'objet d'un article spécial, sont divisés en deux grandes catégories, dont chacune renferme les faits qui, par leur nature, se rapprochent plus les uns des autres, et ont paru susceptibles d'être soumis à la même pénalité.

Les infractions passibles d'une amende de 16 fr. au moins et de 100 fr. au plus sont rangées dans la première catégorie et forment l'art. 11. Vous remarquerez que cet article ne prononce pas l'emprisonnement pour les délits qu'il prévoit. Cette peine ne leur deviendra applicable que dans le cas prévu par le dernier paragraphe de l'art. 14. Il faudra que le délinquant soit en récidive et n'ait pas satisfait à une condamnation précédemment encourue.

ART. 12.

Peines plus graves. — Recherches des engins de chasse.

L'art. 12 comprend la seconde catégorie des infractions qui ont paru mériter une peine plus sévère que les délits de la première classe. Ces infractions sont punies d'une amende obligatoire de 50 à 200 fr. et d'un emprisonnement facultatif de six jours à deux mois.

Une seule disposition de cet article exige quelques explications. C'est le paragraphe relatif à ceux qui seront détenteurs et à ceux qui seront trouvés munis ou porteurs, hors de leurs domiciles, de filets, engins ou autres instruments de chasse prohibés.

La loi sur la pêche fluviale ne punit que les individus trouvés munis ou porteurs, hors de leurs domiciles, de filets et engins prohibés. La loi sur la chasse va plus loin. Elle punit ceux qui en sont possesseurs et les détiennent dans leurs domiciles. Il a été reconnu qu'une demi-mesure serait insuffisante ; que les braconniers qui font usage de ces immenses filets, à l'aide desquels on détruit des compagnies entières de perdreaux, n'auraient jamais l'imprudence de se montrer porteurs, en plein jour, de ces instruments de délit, et que, pour atteindre sûrement le but que l'on devait se proposer, il était nécessaire de rechercher les filets et les engins prohibés jusque dans leurs domiciles. L'exécution de la disposition dont il s'agit ne peut faire craindre d'abus. Les visites domiciliaires, pour constater la détention des instruments de chasse prohibés, ne devront avoir lieu, comme pour les délits ordinaires, que sur la réquisition du ministère public et en vertu d'une ordonnance du juge d'instruction.

ART. 13.

Délits sur terrains clos.

Le délit de chasse commis sur un terrain attenant à une maison habitée et entourée d'une clôture telle qu'elle est définie par l'art. 2, sort de la classe ordinaire des infractions de ce genre. Lorsqu'il est encore aggravé par la circonstance de la nuit, on doit le punir d'autant plus sévèrement qu'il annonce dans ses auteurs une audace qui ne reculera pas devant des actes de violence et même devant un meurtre. L'art. 13 prononce, à l'égard de ce délit, des peines qui pourront être portées, suivant les circonstances, jusqu'à 1,000 fr. d'amende et à deux ans d'emprisonnement.

ART. 16.

Confiscation des instruments de chasse. Gradation des peines.

L'art. 16 a tracé les règles à suivre pour la confiscation des instruments de chasse, la destruction de ceux de ces instruments qui sont prohibés et ne peuvent jamais servir que pour commettre des délits, et la représentation des armes, filets et engins qui n'ont pu être saisis. Ses dispositions sont claires et complètes. Je ne ferai, sur cet article, qu'une seule observation. La peine de la confiscation qu'il prononce ne doit pas être une peine illusoire. Pour qu'elle soit efficace, il faut que les armes et les instruments du délit, qui seront déposés au greffe par suite de la confiscation, ne soient pas des fusils hors de service, des instruments qui n'ont pas pu être employés à commettre le délit. Les agents chargés de verbaliser, en matière de chasse, devront être invités à désigner aussi exactement que possible les armes et les autres instruments dont les délinquants auront été trouvés porteurs, et vos substituts devront veiller à ce que les jugements qui auront ordonné la confiscation et le dépôt au greffe des objets décrits soient strictement exécutés.

L'examen des diverses pénalités portées dans la loi vous convaincra qu'elles sont graduées suivant le plus ou moins d'importance des faits auxquels elles s'appliquent. Les minimum ont été généralement fixés très-bas, afin de laisser aux tribunaux une grande latitude, et de leur permettre de n'infliger qu'une peine légère à ceux qui commettront accidentellement des infractions sans gravité, et que les circonstances rendront excusables.

ART. 10 ET 19.

Gratifications aux rédacteurs de procès-verbaux.

D'après les art. 10 et 19, qui se lient l'un à l'autre, et que, par ce motif, je n'ai pas séparés dans les observations auxquelles ils donnent lieu, les gratifications qui seront accordées aux gardes et gendarmes rédacteurs des procès-verbaux seront déterminées par des ordonnances royales et prélevées sur le produit des amendes. La loi a voulu assurer le paiement de ces gratifications en attribuant aux gardes et gendarmes un prélèvement sur le produit des amendes qui auront été prononcées par suite de leurs procès-verbaux. Des mesures seront prises pour que la loi reçoive sur ce point une prompte exécution. Une ordonnance, préparée par les soins de M. le ministre des finances, règlera la quotité des gratifications et les moyens d'en effectuer le paiement dans le plus bref délai possible.

ART. 23.

Poursuite des délits.— Procès-verbaux. — Validité.

La troisième section de la loi, relative à la poursuite et au jugement, renferme deux articles que je recommande spécialement à votre attention.

L'art. 23 porte que les procès-verbaux des employés des contributions indirectes et des octrois feront foi jusqu'à la preuve contraire lorsque, dans la limite de leurs attributions respectives, ces agents rechercheront et constateront les délits prévus par le paragraphe 1er de l'art. 4, c'est-à-dire la mise en vente, la vente, l'achat, le colportage et le transport du gibier en temps prohibé. Les motifs de cette disposition sont évidents. Les infractions dont il s'agit ici ne pourront presque jamais être constatées par les gardes et les gendarmes, appelés, par la nature de leurs fonctions, à rechercher plutôt les délits de chasse proprement dits qui se commettent au milieu des champs ; mais les préposés des octrois, placés à l'entrée des villes pour surveiller les objets qu'on veut y introduire, les employés des contributions indirectes, obligés, par état, de visiter les auberges et les lieux ouverts au public, pourront, tout en remplissant leur mission, constater sans peine le transport et la vente illicites du gibier. Leur concours était nécessaire à l'exécution d'une partie importante de la loi. Telle est la cause du nouveau pouvoir qui leur a été conféré.

Une remarque essentielle à faire sur l'art. 23, c'est que, d'après ses termes, les fonctionnaires qu'il désigne ne pourront verbaliser valablement qu'autant qu'ils agiront dans les limites de leurs attributions ordinaires. Ainsi, les employés des contributions indirectes, ne pouvant faire de visite chez les aubergistes qui se sont rachetés de l'exercice par un abonnement, n'auront pas le droit de s'y transporter pour y rechercher du gibier en temps prohibé.

ART. 26.

Délits sur la propriété d'autrui.

L'art. 26 contient une dérogation à l'ancienne législation d'après laquelle les faits de chasse sur le terrain d'autrui ne pouvaient pas être poursuivis d'office par le ministère public sans une plainte formelle du propriétaire. A l'avenir, ils pourront l'être dans deux cas, lorsque le délit aura été commis dans un terrain clos, suivant les termes de l'art. 2, et attenant à une maison d'habitation ou sur des terres non encore dépouillées de leurs fruits. Les faits de chasse sur le terrain d'autrui ne constituent un délit qu'autant qu'ils ont eu lieu sans le consentement du propriétaire ou de ses ayants droit. Les procureurs du roi ne devront donc user de la nouvelle faculté qui leur est accordée qu'avec une sage réserve.

ART. 30.

Délits sur les propriétés de la couronne.

La quatrième et dernière section, intitulée *Dispositions générales*, donne lieu à une seule observation. L'art. 30, en déclarant les dispositions de la loi sur l'exercice du droit de chasse non applicables aux propriétés de la couronne, ordonne que les délits commis sur ces propriétés seront poursuivis et punis conformément aux sections 2 et 3. Avant la loi, il fallait recourir à l'ordonnance de 1669 pour réprimer les délits de chasse commis dans les forêts de la couronne. Ces délits seront désormais soumis aux règles du droit commun. L'ordonnance de 1669 est abrogée.

Je termine ici les observations que j'avais à vous adresser sur quelques-unes des difficultés que l'interprétation de la nouvelle loi pourra présenter. La pratique fera, sans doute, naître beaucoup d'autres questions que je n'ai pas examinées. Je suis certain d'avance que, grâce à vos instructions et à la sagesse des tribunaux, ces questions recevront une solution conforme au vœu du législateur.

L'efficacité de la loi dépend surtout de la manière dont elle sera exécutée par les fonctionnaires chargés de constater les délits. Le nombre de ces fonctionnaires est augmenté. Les gendarmes et les gardes seront secondés par de nouveaux et utiles auxiliaires. Si tous ces agents de l'autorité font leur devoir, le but sera atteint.

Le zèle de vos substituts n'a pas besoin d'être stimulé. Je suis convaincu qu'ils ne négligeront rien pour assurer, en ce qui les concerne, la bonne exécution de la loi, et qu'ils donneront aux fonctionnaires placés sous leurs ordres, qui doivent y concourir avec eux, une impulsion ferme et énergique.

Je vous prie de m'accuser réception de la présente circulaire dont je vous envoie des exemplaires en nombre suffisant pour que vous puissiez en adresser un à chacun de ces magistrats.

Recevez, monsieur le procureur général, l'assurance de ma considération très-distinguée.

Le garde des sceaux, ministre secrétaire d'Etat de la justice et des cultes,

N. Martin (du Nord).

Circulaire

DE M. LE MINISTRE DE LA JUSTICE.

Du 20 mai 1844.

Monsieur le préfet, la loi du 30 avril 1790 ne suffisait plus à la répression des abus de l'exercice de la chasse, et le braconnage, certain de l'impunité, s'accroissait d'une manière effrayante. Il ne s'agissait plus seulement de défendre contre une destruction totale et prochaine le gibier qui entre dans les moyens d'alimentation d'une partie de la population, et de faire respecter une propriété d'une nature spéciale mais incontestée ; l'agriculture elle-même avait à se plaindre d'un tel état de choses ; enfin, la sécurité des campagnes était souvent compromise : aussi les corps constitués, les conseils généraux des départements, en particulier, demandaient-ils depuis longtemps que des mesures plus fortement répressives fussent prises contre le braconnage, ce délit moins grave peut-être comme attentat à la propriété, que par la démoralisation des individus qui s'y livrent et par les crimes auxquels il conduit fatalement.

La loi du 3 de ce mois a pour but de satisfaire à ce besoin, et je ne doute pas que tous les fonctionnaires, tous les agents appelés à concourir à l'exercice de *la police de la chasse*, appréciant l'importance de la législation nouvelle, n'en exécutent les dispositions avec le zèle et la persistance qui peuvent seuls en assurer le succès. Mon collègue, M. le garde des sceaux, ministre de la justice et des cultes, a adressé à MM. les procureurs généraux près les cours royales, les instructions qu'il avait à leur donner sur les parties de la nouvelle loi qui rentrent dans les attributions des magistrats de l'ordre judiciaire. Je vais, monsieur le préfet, vous en tretenir des dispositions que vous aurez à prendre, soit par vous-même, soit par les directions que vous devez donner à MM. les sous-préfets, maires, officiers de gendarmerie, commissaires de police, gardes champêtres, et à tous autres agents que la loi appelle à verbaliser en matière de délits de chasse.

ARTICLE PREMIER.

Délivrance des permis de chasse.

Aux termes de l'art. 1er de la loi du 3 de ce mois, « nul ne pourra chasser.... s'il ne lui a pas été délivré un permis de chasse par l'autorité compétente. » L'art. 5 porte que « les permis de chasse seront délivrés, sur l'avis du maire et du sous-préfet, par le préfet du département dans lequel celui qui en fera la demande aura sa résidence ou son domicile. »

Vous aurez remarqué, sans doute, monsieur le préfet, la différence qui existe entre la législation ancienne et la loi nouvelle, quant à l'intitulé du titre délivré par l'autorité, pour rendre licite l'exercice de la chasse. De l'ancien nom, *permis de port d'armes de chasse*, on pouvait, jusqu'à un certain point, conclure qu'il était loisible de chasser *sans permis*, de toute autre manière qu'avec un fusil. C'est pour éviter toute équivoque que, dans la loi du 3 de ce mois, on a employé les mots de *permis de chasse*, qui, dans leur généralité, embrassent toute espèce de chasse, soit à tire, soit à courre, soit même la chasse des oiseaux de passage que vous aurez à réglementer, en vertu de l'art. 9.

Le permis de chasse doit être délivré *sur l'avis du maire et du sous-préfet*, d'où il faut inférer que c'est au maire que la demande, formulée sur papier timbré, doit être adressée, pour qu'elle vous parvienne, avec l'avis de ce fonctionnaire, par l'intermédiaire du sous-préfet, pour les arrondissements autres que celui du chef-lieu. Mais de même que le permis de chasse peut être pris dans le département où l'impétrant *a sa résidence ou son domicile*, de même aussi la demande peut être formée devant le maire de la commune où l'impétrant est domicilié, ou de celle où il réside temporairement, et le choix ici n'est pas sans importance. En effet, aux termes du deuxième paragraphe de l'art. 5, un droit de 10 fr. par permis est attribué à la commune *dont le maire aura donné l'avis sus-énoncé*. Comme les communes rurales sont celles qui ont le plus besoin de cette nouvelle branche de ressources, et que cet intérêt doit porter les maires à surveiller les citoyens qui se livreraient à l'exercice de la chasse sans *permis*, il est nécessaire de ne délivrer de *permis* qu'à ceux qui justifieront positivement de leur résidence ou de leur domicile.

Il sera nécessaire, d'ailleurs, monsieur le préfet, que vous fixiez bien l'opinion de MM. les sous-préfets et maires sur la nature de l'avis qu'ils auront à vous donner sur les demandes du permis de chasse qu'ils vous transmettront. Ainsi, cet avis ne devra pas exprimer vaguement qu'il y a ou qu'il n'y a pas lieu de délivrer le permis demandé. Comme la loi ne vous a pas laissé le droit absolu de délivrer ou de refuser des permis de chasse; comme l'obtention du permis est le droit général, et que la faculté du refus n'est que le droit exceptionnel, il s'ensuit que les avis des maires et des sous-préfets doivent, 1o, lorsqu'ils sont favorables, exprimer qu'il n'est pas à la connaissance de ces fonctionnaires que l'impétrant se trouve dans aucune des catégories pour lesquelles le permis ne pourrait être délivré, et 2o, si les avis sont défavorables, exprimer que l'impétrant se trouve, à leur connaissance, dans telle ou telle position qui fait obstacle à la délivrance d'un permis de chasse.

Il sera bien également que vous rappeliez à MM. les sous-préfets et maires qu'ils n'ont pas à s'occuper, dans leurs avis, de la question de savoir si l'impétrant est ou n'est pas propriétaire foncier. Aucun des articles de la loi du 3 de ce mois n'a exigé la qualité de propriétaire comme condition de l'exercice de la chasse, et l'autorité ne peut, à cet égard, faire ce que la loi n'a pas fait. Sans doute, le 2e paragraphe de l'art. 1er porte que *nul n'aura la faculté de chasser sur la propriété d'autrui sans le consentement du propriétaire ou de ses ayants droit;* d'où il résulte que chasser sur le terrain d'autrui sans le consentement du propriétaire est un fait illicite. Mais il est à remarquer que ce fait, aux termes de l'art. 26, ne donne lieu à des poursuites, en thèse générale, que sur la plainte du propriétaire. L'administration ne peut donc pas plus intervenir ici d'office que ne le peut l'autorité judiciaire; elle ne peut pas plus exiger, avant de délivrer le permis, la représentation d'une permission de chasser sur le terrain d'autrui qu'elle ne peut exiger, de la part de l'impétrant, la preuve qu'il est propriétaire foncier.

Nous allons examiner maintenant quelles sont les circonstances qui vous donnent le droit ou vous imposent le devoir de refuser les permis de chasse qui vous sont demandés.

ART. 6.

Refus du permis de chasse.

Aux termes de l'art. 6 de la loi du 3 de ce mois, vous pouvez, monsieur le préfet, refuser le permis de chasse :

« 1° A tout individu majeur qui ne sera point personnellement inscrit, ou dont le père ou la mère ne serait pas inscrit au rôle des contributions. »

N'être ni imposé ni fils d'imposé est une situation exceptionnelle, puisque la contribution personnelle atteint à peu près tous les citoyens, sauf le cas d'indigence reconnue. La circonstance prévue par ce paragraphe se rencontrera principalement dans le petit nombre de villes où la contribution personnelle est remplacée par un prélèvement sur le produit de l'octroi. Vous aurez à examiner, dans ce cas, si l'absence de l'inscription sur un rôle de contributions vous paraît un motif suffisant pour refuser un permis de chasse. La solution de cette question dépendra, en grande partie, sans doute, des renseignements qui vous auront été donnés sur la moralité de l'impétrant; je ne puis donc que laisser à votre sagesse une décision que la loi place sous votre responsabilité, certain que vous serez toujours prêts à justifier du bon usage que vous aurez fait de cette prérogative.

Mais s'il vous est loisible de refuser un permis de chasse à tout citoyen majeur, par le seul motif qu'il ne serait ni imposé ni fils d'imposé, et si la qualité d'imposé ou de fils d'imposé est la première condition déterminée par la loi, pour qu'un citoyen majeur ait le droit d'obtenir un permis de chasse, vous reconnaîtrez sans doute que ce serait faire de ce principe une application trop rigoureuse et trop étendue, que d'exiger de tout impétrant qu'il vous justifie qu'il est imposé ou fils d'imposé. Comme je le faisais remarquer plus haut, en effet, l'absence de cette condition est une rare exception, et, puisque la presque totalité des citoyens majeurs sont nécessairement imposés ou fils d'imposés, ce ne serait plus exiger qu'une formalité inutile, que d'astreindre *tous les impétrants* à joindre à leur demande un certificat ou extrait de rôle. Il suffira, ce me semble, que vous exigiez cette production de ceux à l'égard desquels vous auriez des doutes sur la question de l'inscription au rôle et dans le cas où vous croiriez devoir vous appuyer de la non-inscription pour refuser le permis demandé.

L'art. 6 de la loi vous permet encore de refuser le permis de chasse :

« 2o A tout individu qui, par une condamnation judiciaire, a été privé de l'un ou de plusieurs des droits énumérés dans l'art. 42 du Code pénal, autres que le droit de port d'armes;

» 3° A tout condamné à un emprisonnement de plus de six mois, pour rébellion ou violence envers les agents de l'autorité publique;

» 4° A tout condamné pour délit d'association illicite, de fabrication, débit, distribution de poudre, armes ou autres munitions de guerre; de menaces écrites ou de menaces verbales, avec ordre ou sous condition; d'entraves à la circulation des grains; de dévastations d'arbres ou de récoltes sur pied, de plants venus naturellement ou faits de main d'homme;

» 5° A ceux qui auront été condamnés pour vagabondage, mendicité, vol, escroquerie ou abus de confiance. »

Toutefois, le dernier paragraphe du même article restreint la faculté du refus du permis de chasse dans la limite du délai de cinq ans après l'expiration de la peine.

La situation des individus qui se trouveraient compris dans l'une des catégories posées par la loi, devra être de votre part, monsieur le préfet, l'objet d'un mûr examen. Puisque en effet le législateur n'a pas fait de l'une des circonstances indiquées une condition absolue de refus du permis de chasse, puisqu'il n'y a vu qu'une considération suffisante pour attribuer à l'administration la *faculté* de refuser ce permis, il s'ensuit que les motifs de votre détermination pour accorder ou refuser devront être tirés surtout des circonstances de la condamnation subie et des renseignements particuliers que vous auriez sur la moralité des individus, et sur les inconvénients qu'il pourrait y avoir pour l'ordre public à leur attribuer légalement le droit de chasser.

Mais de ce que la loi vous permet de refuser le permis de chasse dans les différents cas spécifiés par ces quatre paragraphes de l'art. 6, vous n'entendrez sans doute pas astreindre ceux qui demandent le permis à justifier qu'ils ne se trouvent dans aucune de ces positions. Non-seulement ce serait placer tous les citoyens sous une espèce de prévention blessante pour eux, mais encore ce serait exiger une justification souvent impossible, puisqu'il ne leur suffirait pas de s'adresser à l'autorité judiciaire de leur résidence pour en obtenir un certificat de non-condamnation. L'obtention du permis de chasse est, pour tous les citoyens, de droit commun; des exceptions sont faites à ce droit, dans un intérêt public; c'est donc à l'autorité qui veut appliquer l'exception à prouver le cas exceptionnel. Ce sera, en général, par l'avis dont MM. les maires et sous-préfets devront accompagner la demande d'un permis de chasse, que votre attention sera appelée sur la circonstance que l'impétrant se trouverait dans telle ou telle position qui vous autoriserait à refuser le permis, et vous vous empresseriez alors de vérifier le fait, en vous adressant au ministère public près le tribunal qui aurait prononcé la condamnation sur laquelle serait basé votre refus. Je me concerterai avec mon collègue, M. le ministre de la justice, pour qu'à l'avenir vous receviez les renseignements qui vous seront nécessaires pour l'exécution de cette partie de la loi.

Après avoir énuméré, dans son art. 6, les circonstances qui *permettront* à l'administration de refuser le permis de chasse, la loi indique, dans ses art. 7 et 8, quels sont les individus auxquels le permis de chasse *doit être refusé.*

Ce sont :

« 1o Les mineurs qui n'auront pas seize ans accomplis. »

Vous n'exigerez certainement pas de tous les impétrants la justification qu'ils sont âgés de plus de seize ans; c'est là, pour la très-grande majorité d'entre eux, un fait notoire; mais lorsqu'il sera à votre connaissance, ou qu'il sera seulement présumable qu'un impétrant est âgé de moins de seize ans, il sera non-seulement dans votre droit, mais encore dans votre devoir, d'exiger la production d'un acte de naissance.

« 2° Les mineurs de seize à vingt-un ans, à moins que le permis ne soit demandé pour eux par leur père, mère, tuteur ou curateur, porté au rôle des *contributions.* »

Pour les jeunes gens que vous présumeriez être dans les limites d'âge de seize à vingt-un ans, vous devrez également, monsieur le préfet, exiger la production d'un acte de naissance, et par suite la demande devra être faite, au nom de ces jeunes gens, par les personnes que désigne la loi.

« 3° Les interdits. »

Les cas d'interdiction sont assez rares, et par cela même ils appellent assez l'attention, pour que MM. les sous-préfets et maires en aient connaissance. Ils seront donc à portée de vous éclairer à cet égard dans leurs avis.

« 4° Les gardes champêtres ou forestiers des *communes et établissements publics, ainsi que* les gardes forestiers de l'Etat et les gardes-pêche. »

Il suffira sans doute que les différents agents dénommés dans ce paragraphe sachent que le droit de chasse leur est refusé par la loi, pour qu'aucun d'eux ne demande de permis ; mais si, par erreur ou autrement, une semblable demande était formulée par un d'eux, l'avis du maire et des sous-préfets, et, au besoin, les listes nominatives que vous pourrez faire dresser, vous mettront à portée d'obtempérer à l'injonction de la loi.

Vous remarquerez sans doute, monsieur le préfet, que les gardes des particuliers ne sont pas compris dans l'exclusion prononcée par ce paragraphe; on comprend, en effet, que les propriétaires fonciers veulent quelquefois faire chasser par leurs gardes. Vous ne refuserez donc pas le permis de chasse aux gardes particuliers, mais vous ferez sagement de les inviter à justifier de l'autorisation des propriétaires dont ils sont les agents.

« 5° Ceux qui, par suite de condamnations, sont privés du droit de port d'armes. »

Pour ces individus, je ne puis que répéter ce que je vous ai dit à l'occasion des paragraphes 2 à 5 de l'art. 6; c'est que ce sera à l'administration qu'il incombera de faire la preuve de l'existence du jugement.

« 6° Ceux qui n'auront pas exécuté les condamnations prononcées contre eux pour l'un des délits prévus par la présente loi. »

Lorsqu'un impétrant aurait, à votre connaissance, subi une condamnation pour délit de chasse, en vertu de la loi du 3 mai dernier, vous devrez exiger de lui la preuve qu'il a exécuté la condamnation encourue. Il ne vous échappera pas, d'ailleurs, que s'il y avait eu remise de la peine, ce fait équivaudrait à l'exécution de la condamnation.

« 7° Tout condamné placé sous la surveillance de la haute police. »

Vous avez par devers vous la liste nominative de tous les individus de votre département, placés dans cette catégorie; vous ne pouvez donc éprouver de difficulté pour leur exclusion du droit de chasse.

Je terminerai en vous faisant remarquer, monsieur le préfet, que le refus du permis peut être opposé, dès à présent, à tous les individus compris dans les cas énumérés aux n°s 2, 3, 4 et 5 de l'art. 6, et 1, 2 et 3 de l'art. 8, bien que les condamnations prononcées contre eux l'aient été antérieurement à la promulgation de la loi du 3 mai dernier, et ce ne sera pas là donner à cette loi un effet rétroactif; cela résulte clairement de la rédaction même des articles précités, qui appliquent le refus de permis de chasse à tout individu *qui a été condamné;* s'il ne s'agissait pas, en effet, des condamnations déjà prononcées, le législateur aurait évidemment dit, *à tout individu qui sera condamné.* La privation du droit de chasse ne peut, d'ailleurs, être considérée comme une peine ou une aggravation de peine, c'est seulement une mesure de précaution que la loi permet ou prescrit de prendre dans un intérêt de sûreté publique. Aussi, ajouterai-je que si, par l'effet d'une erreur, vous aviez été entraîné à délivrer un permis de chasse à un individu à qui il n'eût pas dû être accordé, vous ne devriez pas hésiter à le retirer, et, dans le cas où cet individu ne se soumettrait pas à cette mesure, à appeler sur lui l'attention des agents préposés à la répression des délits de chasse.

ART. 3.

Ouverture et clôture de la chasse.

L'art. 3 charge les préfets de déterminer l'époque de l'ouverture et celle de la clôture de la chasse. Cette attribution leur avait été dévolue déjà par l'ancienne législation; mais leurs arrêtés devront, dans l'un et dans l'autre cas, être publiés dix jours au moins avant celui indiqué pour la clôture ou l'ouverture de la chasse. Cette condition doit toujours être observée; vous en comprendrez toute l'importance, puisque l'exacte exécution de l'obligation qui vous est imposée, est intimement liée à la légalité des poursuites pour contravention à vos arrêtés.

Je vous recommande également, monsieur le préfet, de vous entourer toujours des renseignements les plus propres à vous éclairer sur l'époque qu'il conviendra de choisir pour l'ouverture et la clôture de la chasse. Vous consulterez surtout l'intérêt de l'agriculture et l'état des récoltes, mais vous ne perdrez pas de vue non plus qu'il peut y avoir aussi quelques inconvénients à ouvrir la chasse plus tard qu'il n'est réellement nécessaire. Dans ce cas, en effet, de nombreuses contraventions se commettent, et les poursuites, toutes légales qu'elles soient, ne paraissent plus basées sur les intérêts réels de l'agriculture. Les avis des sous-préfets vous seront très-utiles pour la fixation des jours d'ouverture et de clôture de la chasse.

Vous remarquerez, d'ailleurs, monsieur le préfet, que, bien que l'article que nous examinons porte que les époques d'ouverture et de clôture de la chasse seront fixées *dans chaque département*, vous n'en conservez pas moins le droit de fixer des époques différentes pour les divers arrondissements de votre département, si des différences de sol et de température l'exigent : c'est une faculté dont il convient, toutefois, de n'user qu'avec réserve et en vue d'une nécessité réelle; car il a été remarqué que lorsque la chasse n'est pas ouverte simultanément dans toute l'étendue d'un département, les chasseurs se portent quelquefois en grand nombre dans l'arrondissement où l'ouverture de la chasse est la plus précoce, et que, par suite, le gibier y est promptement détruit.

ART. 9.

Exercice du droit de chasse.

Le droit conféré par les permis de chasse, monsieur le préfet, se trouve clairement défini par les deux premiers paragraphes de l'art. 9, et ce n'est pas une des moins importantes améliorations apportées par la législation nouvelle, à un état de choses qui excitait de si vives et si justes réclamations.

Trois modes de chasse seulement sont aujourd'hui déclarés licites : 1° la chasse à tir ; 2° la chasse à courre; et 3° l'emploi des furets et des bourses destinés à prendre le lapin. *Tous autres moyens de chasse*, ajoute cet article, *sont formellement prohibés*, et dans cette prohibition générale se trouve évidemment compris l'emploi des panneaux et filets de toute espèce, des appeaux, appelants et chanterelles, des lacets, collets et engins de toute espèce, au moyen desquels la destruction du gibier s'opérait si facilement, et dont l'ancienne législation n'avait pas défendu l'emploi. La chasse de nuit, de quelque manière que ce soit et quelle que soit l'espèce de gibier qu'il s'agirait de prendre, se trouve également prohibée par l'effet de cette seule disposition de l'art. 9, portant que le permis de chasse donne le droit de chasser pendant le jour.

Comme les usages qu'il s'agit de détruire aujourd'hui étaient tolérés depuis longtemps, il importe que les restrictions apportées par la loi nouvelle à l'exercice de la chasse, tel qu'il était autrefois entendu, soient parfaitement comprises par les fonctionnaires et agents qui auront à constater les contraventions commises. Je vous engage donc à développer vos instructions sur ce point de manière à ce qu'aucune incertitude ne puisse exister sur l'application de la législation nouvelle.

ART. 2.

Exceptions.

Je terminerai ce que j'avais à dire sur l'exercice du droit de chasse, en vous faisant remarquer que l'art. 2 de la loi accorde ce droit, « en tout temps et sans permis de chasse, au propriétaire ou possesseur, dans ses possessions attenant à une habitation et entourées d'une clôture continue faisant obstacle à toute communication avec les héritages voisins. »

La faculté exceptionnelle accordée par cet article, monsieur le préfet, existait déjà dans l'ancienne législation, et même d'une manière beaucoup plus étendue. Ainsi, il était loisible au propriétaire de chasser ou de faire chasser en tout temps, dans ses bois ou dans ses possessions entourées d'une clôture conforme aux usages du pays, alors même que ces propriétés étaient éloignées d'une habitation. Des conditions plus restreintes sont aujourd'hui imposées au propriétaire ou possesseur de terrains clos. Non-seulement il faut que la clôture soit telle qu'elle fasse obstacle à toute communication avec les héritages voisins, mais encore il faut que les terrains sur lesquels le propriétaire chasserait soient *attenants à une habitation*. Vous appellerez, sur la nécessité de la réunion de cette double condition, l'attention des fonctionnaires et agents appelés à verbaliser des délits de chasse: quant à la nature de clôture qui doit être regardée comme suffisante pour établir le droit exceptionnel du propriétaire, je n'ai aucune règle à tracer; les usages divers seront appréciés par les tribunaux qui auront à statuer sur les procès-verbaux dressés.

ART. 9.

Modes exceptionnels de chasse.— Oiseaux de passage.

Mais si le législateur a, dans les deux premiers paragraphes de l'art. 9, limité, comme je l'ai dit plus haut, les modes de chasse qu'il considérait comme licites, en temps permis et de jour, par la seule obtention d'un permis de chasse, il n'a pas voulu, cependant, apporter un obstacle absolu à la continuation de certains usages qui n'auraient pu être supprimés sans un préjudice réel pour les localités où ils sont pratiqués, et où ils peuvent être considérés presque comme l'exercice d'une industrie. Il s'agit de la chasse des oiseaux de passage qui, à des époques où quelquefois toutes les autres chasses sont closes, arrivent en nombre tel qu'ils forment, pour les habitants, un moyen précieux d'alimentation et de commerce.

De la caille.

Vous devrez donc, monsieur le préfet, autoriser la continuation de cette espèce de chasse, et en régler les modes et les procédés, mais vous aurez

(1) Plusieurs fois, des préfets ont voulu

préalablement à prendre, à cet égard, l'avis du conseil général de votre département; vous remarquerez, d'ailleurs, qu'aux termes de l'art. 9 que nous examinons, « la caille n'est plus réputée oiseau de passage, » et qu'en conséquence la chasse n'en peut plus avoir lieu que dans les mêmes conditions et sous les mêmes restrictions que pour toute autre espèce de gibier.

Gibier d'eau.

Vous devrez également, après avoir pris l'avis du conseil général, « déterminer le temps pendant lequel il sera permis de chasser le gibier d'eau, dans les marais, sur les étangs, fleuves et rivières. »

Il ne vous échappera pas d'ailleurs que, même pour la capture des oiseaux de passage, de quelque espèce que ce soit, et du gibier d'eau, un permis de chasse est nécessaire, quel que soit le procédé qu'on emploie. C'est bien là une chasse, en effet, et la prescription générale et absolue de l'art. 1er de la loi, c'est que nul ne chasse, s'il ne lui a été délivré un permis de chasse. C'est ce que vous expliquerez dans vos instructions; et pour qu'elles ne soient pas perdues de vue, sur ce point, vous ferez bien de rappeler l'obligation de l'obtention d'un permis, dans les arrêtés mêmes que vous prendrez pour autoriser la chasse des oiseaux de passage et du gibier d'eau.

Animaux malfaisants.

Vous aurez, enfin, après avoir pris l'avis du conseil général, à déterminer « les espèces d'animaux malfaisants ou nuisibles que le propriétaire, possesseur ou fermier pourra en tout temps détruire sur ses terres, et les conditions de l'exercice de ce droit. » Vous remarquerez que ce n'est plus ici un fait de chasse que vous aurez à autoriser; il s'agit d'un acte de légitime défense, qui a pour objet unique de préserver les récoltes des dégâts qu'y occasionneraient certaines espèces d'animaux. Il n'est donc pas nécessaire, pour l'exercice de ce droit, que les propriétaires soient munis d'un permis de chasse, mais ils commettraient une contravention, et il y aurait lieu de verbaliser contre eux, si, à l'occasion de la défense de leurs récoltes, ils se livraient à l'exercice de la chasse.

Conservation des oiseaux.

Après avoir, dans les trois paragraphes que nous venons d'examiner, pourvu à l'exercice d'usages, qui ne pourraient pas être abolis, mais que vous devez seulement réglementer, le même article de la loi vous *autorise* à prendre des arrêtés :

« 1o Pour prévenir la destruction des oiseaux. » Il est un assez grand nombre de départements où l'accroissement excessif des insectes est devenu pour l'agriculture un véritable fléau, et c'est à la destruction des oiseaux que ce fait est généralement attribué. Aussi, beaucoup de conseils généraux avaient-ils demandé que les préfets fussent investis du droit, que ne leur donnait pas l'ancienne législation, de prévenir la destruction des petits oiseaux.

Chiens lévriers.

« 2o Pour autoriser l'emploi des chiens lévriers pour la destruction des animaux malfaisants, etc. »

Quelques explications sont nécessaires, monsieur le préfet, pour vous faire apprécier la portée de cette disposition.

Vous savez que l'emploi des chiens lévriers, comme moyen de chasse, est véritablement destructif, et de nombreuses réclamations se sont élevées, dans presque tous les départements, contre l'usage abusif que certaines personnes faisaient de ces animaux. Plusieurs fois, des préfets ont voulu porter remède à ces abus, en défendant, par des arrêtés, l'emploi des lévriers comme moyen de chasse, mais, en présence de l'état de la législation, les tribunaux n'ont pas pu donner une sanction pénale à ces arrêtés, et leurs jugements ont été confirmés par la cour de cassation.

Désormais, l'emploi des chiens lévriers à la chasse proprement dite se trouve compris dans la prohibition générale formulée par l'art. 1er de la nouvelle loi, contre tout autre mode de chasse que la chasse à tir et à courre. La chasse au moyen de chiens lévriers ne rentre, en effet, ni dans l'un ni dans l'autre de ces deux modes. Si quelque incertitude à cet égard avait d'ailleurs pu subsister, elle serait levée par la disposition que nous examinons, puisqu'aux termes de cette disposition l'emploi des chiens lévriers ne peut plus avoir lieu qu'en vertu d'un arrêté spécial du préfet, et que l'arrêté ne peut même autoriser cet emploi que « pour la destruction des animaux malfaisants et nuisibles. » Vous vous montrerez sans doute très-réservé dans l'autorisation que vous aurez à donner, afin que les anciens abus ne puissent être continués.

Chasse en temps de neige.

« 3° Pour interdire la chasse pendant les temps de neige. »

Il s'agit ici, monsieur le préfet, d'une mesure toute dans l'intérêt de la conservation du gibier. Déjà, elle était prise dans certains départements ; dans d'autres, la légalité en avait été contestée. Cette mesure peut aujourd'hui être adoptée généralement, et vous aurez à examiner si, en raison des circonstances locales, elle vous paraît nécessaire. Vous comprenez, d'ailleurs, que les arrêtés que vous prendriez, à cet effet, ne sont pas soumis, comme ceux relatifs à la clôture et à l'ouverture annuelles de la chasse, au délai de dix jours de publication, pour devenir exécutoires. Il ne serait même pas possible que vous prissiez, en temps utile, des arrêtés spéciaux pour défendre l'exercice de la chasse chaque fois qu'il sera tombé de la neige. Il suffira, pour atteindre ce but, qu'à l'entrée de l'hiver vous preniez et fassiez publier un arrêté portant défense de chasser lorsqu'il y aura de la neige sur la terre.

Vous remarquerez, monsieur le préfet, que, par les arrêtés que vous aurez à prendre en vertu des trois derniers paragraphes de l'art. 9 de la loi, il n'est plus exprimé, comme pour les trois premiers paragraphes, que vous devez prendre l'avis du conseil général. Je vous engage cependant à recourir également à cet avis; car il s'agit ici de mesures du même ordre, et sur lesquelles les lumières et les connaissances locales des membres du conseil général ne peuvent que vous être utiles. C'est d'ailleurs *sur l'avis* du conseil que vous aurez à agir, c'est-à-dire que vous n'êtes pas tenu de statuer *conformément* à cet avis, dont vous avez le droit de vous écarter lorsque l'intérêt public vous paraîtra le commander.

L'art. 9 de la loi n'a pas soumis à mon approbation les arrêtés que vous avez à prendre dans les différents cas qu'il prévoit; ces arrêtés sont donc exécutoires de plein droit, et sans autres approbations. Toutefois, vous savez que tous les actes de l'administration préfectorale ne s'exercent que sous l'autorité et le contrôle des ministres responsables; ce principe est toujours réservé, sans qu'il soit nécessaire de l'exprimer dans chaque loi spéciale. Vous devrez donc, monsieur le préfet, m'adresser exactement une ampliation de tous les arrêtés que vous prendrez dans les différents cas prévus par l'article dont il s'agit, afin que je puisse examiner si ces actes sont conformes à l'ensemble de la législation, et vous adresser, au besoin, telles observations qu'il appartiendrait.

ART. 4.

Défense de vendre du gibier en temps prohibé.

La défense de chasser pendant certains temps de l'année restait souvent inefficace, et les braconniers n'hésitaient pas à l'enfreindre, encouragés qu'ils étaient par les bénéfices que leur procurait la vente du produit de leur coupable industrie.

L'art. 4 de la loi met un terme à cet abus, en défendant d'une manière absolue «de mettre en vente, de vendre, d'acheter, de transporter et de colporter du gibier pendant le temps où la chasse n'est pas permise. Ces prohibitions, monsieur le préfet, s'appliquent à toute espèce de gibier, quelle que soit son origine, et alors même qu'il aurait été tué dans le cas exceptionnel prévu par l'art. 2 de la loi. Si on avait, en effet, dans ce cas, laissé au propriétaire la faculté de vendre ou transporter son gibier, on eût rendu illusoires les dispositions prohibitives de la nouvelle législation. Les propriétaires que cette mesure pourra gêner sentiront mieux que personne que ce sacrifice d'une partie de leurs droits était indispensable pour assurer la répression du braconnage, qui, sans cela, aurait continué à l'abri de prétextes difficiles à détruire.

Exceptions.

Vous comprendrez toutefois que les prohibitions portées dans le premier paragraphe de l'art. 4 ne s'appliquent pas au gibier tué dans les circonstances prévues par les nos 1 et 2 de l'art. 9, alors que ces chasses exceptionnelles auront été autorisées par vos arrêtés. Ces actes, en effet, rendant la chasse de ces espèces de gibier licite, le transport et la vente en sont nécessairement licites aussi.

Saisie du gibier.

Il a paru utile que le gibier ne fût pas détruit, et le deuxième paragraphe de l'art. 4 en prescrit la remise à l'établissement de bienfaisance le plus voisin, sur une ordonnance, soit du juge de paix, soit du maire, en cas d'absence du juge de paix ou de saisie dans une commune autre que la commune chef-lieu de canton. Vous devrez, monsieur le préfet, donner à MM. les maires les instructions nécessaires pour que le vœu de la loi soit toujours accompli. Vous ferez d'ailleurs remarquer aux maires et autres fonctionnaires et agents dans quelles limites le troisième paragraphe de l'art. 4 restreint le droit de recherche ; il importe que ces limites ne soient jamais dépassées. Il suffit que la chasse soit interdite dans le département ; on ne pourrait se prévaloir de ce qu'elle ne le serait pas dans un département voisin.

OEufs et couvées de faisans, etc.

Enfin, le quatrième paragraphe du même article donne à la conservation du gibier une nouvelle protection par la défense de prendre ou de détruire, sur le terrain d'autrui, des œufs et des couvées de faisans, de perdrix et de cailles. Vous devrez recommander la rigoureuse exécution de cette prohibition dont la nécessité était si bien sentie.

ART. 5 ET 19.

Attributions aux communes.

L'art. 5 de la loi attribue aux communes une ressource nouvelle qui devra désormais figurer dans leurs budgets et dans leurs comptes. Ce produit prendra rang parmi les recettes ordinaires, et fera, dans le budget, un article de recette spécial, sous le titre de : *Portion afférente à la commune dans le produit de la délivrance des permis de chasse.* M. le ministre des finances déterminera le mode et l'époque du versement de ce produit dans la caisse municipale.

L'art. 19 attribue également aux communes sur le territoire desquelles auront été commis des délits de chasse, le montant des amendes prononcées contre les délinquants, déduction faite des gratifications accordées aux gardes et gendarmes, en vertu de l'art. 10. Jusqu'ici ce produit était compris parmi les amendes de police correctionnelle, et se confondait dans le fonds commun, dont le tiers appartient aux hospices pour le service des enfants trouvés, et les deux tiers sont distribués en secours aux communes pauvres. Désormais il devra être réuni aux recettes énoncées dans le nº 12 de l'art. 31 de la loi du 18 juillet 1837, et qui se rapportent à « la portion que les lois accordent aux communes dans le produit des amendes prononcées par les tribunaux de simple police, par ceux de police correctionnelle, et par les conseils de discipline de la garde nationale. »

Malgré la confusion de ces diverses amendes en un seul article du budget, il vous sera facile de reconnaître celles qui proviennent des délits de chasse, au moyen du compte détaillé que les receveurs de l'enregistrement et des domaines sont tenus de fournir, dans le cours de janvier de chaque année, des sommes qu'ils ont recouvrées au profit des communes pendant l'année précédente. Je désire que vous m'adressiez annuellement un état faisant connaître, par arrondissement, le chiffre exact des amendes de chasse, afin qu'on puisse se rendre compte d'une manière précise des effets résultant de l'exécution de la loi nouvelle et des ressources qu'elle procurera aux communes. Cet état contiendra aussi le relevé, par arrondissement, des sommes revenant aux communes sur le produit de la délivrance des permis de chasse.

Je n'ai rien à prescrire pour assurer le recouvrement des sommes provenant des amendes dont il s'agit, puisque les dispositions des art. 2 et 3 de l'ordonnance du 30 décembre 1823, qui fournissent à MM. les préfets les moyens de contrôler et de vérifier le travail des receveurs de l'enregistrement, sont applicables à l'espèce. Je vous engage à vous reporter pour les détails de ce service aux articles 795, 796 et 798 de l'instruction générale des finances du 17 juin 1840.

Les communes emploieront à l'ensemble de leurs besoins les nouvelles ressources dont elles viennent d'être dotées, et auxquelles la loi n'assigne aucune affectation spéciale. Il n'est pas à craindre que ces ressources soient jamais dissimulées, et donnent lieu à des comptabilités occultes. Vous serez toujours à même d'en constater l'encaissement par les receveurs municipaux, et d'en surveiller l'emploi, puisque c'est à vous qu'il appartient de délivrer les permis de chasse, et que, d'une autre part, la distribution des sommes entre les communes qui peuvent y avoir des droits ne saurait se faire que sur des états soumis à votre contrôle et à votre approbation.

ART. 10 ET 19.

Gratifications aux gardes et gendarmes.

L'art. 10 assure aux gardes et gendarmes, rédacteurs de procès-verbaux ayant pour objet de constater les délits de chasse, une gratification qui sera prélevée sur le produit des amendes. Le taux de cette gratification sera fixé par ordonnance royale, et des instructions seront données par M. le ministre des finances pour en assurer le paiement.

Je saisis cette occasion pour vous engager à prémunir de nouveau MM. les maires sur les inconvénients, les dangers même de certaines transactions qu'ils autorisent quelquefois entre les gardes, rédacteurs de procès-verbaux, et les particuliers atteints par ces procès-verbaux. Des maires croient pouvoir arrêter les poursuites en exigeant des délinquants, soit une gratification en faveur du garde, soit même le versement d'une somme quelconque en faveur des pauvres de la commune. Sans méconnaître les intentions de ces fonctionnaires, on ne peut se dissimuler qu'ils excèdent leurs pouvoirs, qu'ils contreviennent soit à nos lois pénales, soit à nos lois financières, et qu'ils s'exposeraient à être poursuivis, comme concussionnaires, en vertu de la disposition finale des lois annuelles de finances. Vous devrez donc rappeler à MM. les maires, avec force, le danger auquel ils s'exposent.

Quant aux gardes, faites-leur savoir que vous n'hésiterez pas à prononcer la révocation de tous ceux qui auraient consenti à se prêter à de semblables transactions, sans préjudice des poursuites en prévarication qui pourraient être exercées contre eux.

ART. 11.

Peines.

Je n'ai pas à vous entretenir, monsieur le préfet, des dispositions de la loi comprises dans les articles 11 et suivants : elles sont dans les attributions de l'autorité judiciaire, et M. le garde des sceaux a adressé à MM. les procureurs généraux les instructions que pouvait exiger cette partie de la législation nouvelle.

Vous apprécierez, je n'en doute pas, monsieur le préfet, toute l'importance de la loi du 3 mai 1844; je ne puis donc que vous recommander d'engager tous les fonctionnaires et agents qui ressortissent à votre administration à concourir avec zèle à la répression d'abus qui excitaient depuis longtemps de vives et justes réclamations.

Recevez, monsieur le préfet, l'assurance de ma considération distinguée.

Le ministre secrétaire d'Etat au département de l'intérieur,

T. Duchatel.

FORMULES

DES ACTES RELATIFS A L'EXÉCUTION DE LA LOI SUR LA CHASSE.

1. *Avis du maire pour la délivrance d'un permis de chasse.*
2. *Registre des avis pour permis de chasse.*
3. *Procès-verbal pour fait de chasse sans permis.*
4. *Procès-verbal pour contravention aux arrêtés des préfets concernant les oiseaux de passage, etc.*
5. *Procès-verbal pour avoir pris ou détruit des œufs ou couvées de faisans, perdrix ou cailles.*
6. *Procès-verbal pour infraction au cahier des charges de ferme de chasse.*
7. *Procès-verbal pour chasse en temps prohibé.*
8. *Procès-verbal contre les détenteurs de filets ou engins prohibés.*
9. *Procès-verbal pour vente, achat, transport ou colportage de gibier pendant le temps où la chasse n'est pas permise.*
10. *Ordonnance pour la remise du gibier saisi.*

11. *Procès-verbal pour emploi de drogues ou appâts nuisibles au gibier.*

1. ***Avis du Maire pour la délivrance d'un permis de chasse (art. 5).***

DÉPARTEMENT
d

COMMUNE
d

EXERCICE 184 .

No

Le Maire de la ville *ou* commune d

Vu la demande (1) faite par M. (*nom, prénoms et profession*), domicilié *ou* résidant dans la commune d , à l'effet d'obtenir un permis de chasse;

(*Si la demande est faite par le père, la mère, le tuteur ou le curateur d'un mineur de 16 à 21 ans, et au nom de celui-ci, on ajoutera :* Pour M. (*nom, prénoms, profession, âge et domicile.*)

Considérant que M. (*nom de celui pour qui le permis est demandé*) est âgé de (*nombre*) ans, et ne se trouve dans aucun des cas de prohibition énumérés dans les articles 7 et 8 de la loi du 3 mai 1844, ni dans aucune des catégories de l'art. 6 de la même loi;

Est d'avis que le permis de chasse par lui demandé peut lui être délivré.

Fait à , en Mairie, le 184 .

Le Maire,

(*Sceau de la mairie.*)

(1) Cette demande doit être formulée sur papier timbré et annexée au présent avis. (*Circ. du minist. de l'int. du 20 mai 1844.*)

2. *Registre des avis pour permis de chasse délivrés par le Maire de la commune d , en exécution de l'article 5 de la loi du 3 mai 1844.*

DÉPARTEMENT
d

COMMUNE
d

Nos d'ordre.	DATE de l'avis.	Nom, prénoms et qualité de la personne pour laquelle est demandée la permission.	DATE de la demande.	Nom, prénoms et qualité de la personne qui a formé la demande.	MONTANT du droit attribué à la commune.	OBSERVATIONS.
		ANNÉE 1844.				

3. *Procès-verbal* (1) *pour chasse sans permis* (*articles* 1, 9, 11 *et* 12, § 2 *et* 16).

L'an et le du mois d , nous, garde champêtre (*ou autre officier public*) de la commune d , dûment assermenté, faisant notre tournée dans le canton d , nous avons aperçu dans (*désigner le lieu, en indiquant si les terres étaient dépouillées ou non de leurs fruits*), appartenant au sieur , un individu qui chassait armé d'un fusil; lequel individu nous avons reconnu pour être le sieur (*nom, prénoms, profession et demeure*).

Nous étant approché de lui, nous l'avons invité à nous exhiber son permis de chasse, ainsi que l'autorisation du sieur (*le propriétaire du terrain*), en lui faisant observer qu'il n'était pas permis de chasser sur les terres d'autrui sans en avoir préalablement obtenu la permission; il a répondu (*consigner la réponse*).

Et attendu que le sieur a été ainsi trouvé dans le cas de double contravention, en chassant sans permission de chasse, et sur les terres d'autrui sans la permission du propriétaire, nous lui avons déclaré que nous allions dresser notre procès-verbal contre lui.

En foi de quoi, nous avons rédigé le présent procès-verbal, que nous avons clos et signé à , les jour, mois et an ci-dessus.

(1) Si le procès-verbal a été dressé par un garde, il doit être, à peine de nullité, affirmé par le rédacteur, dans les 24 heures, devant le juge de paix ou l'un de ses suppléants, ou devant le maire ou l'adjoint soit de la commune de la résidence, soit de celle où le délit a été commis (*art.* 24). Dans le cas où l'arme ou les engins de chasse ne seraient pas saisis, il faut les décrire aussi exactement qu'il sera possible.

Si la contravention a été accompagnée de quelque circonstance particulière, on aura soin de l'indiquer. Ainsi, on fera mention si elle a eu lieu de nuit, ou à l'aide d'engins, instruments ou moyens prohibés; si le chasseur était déguisé ou masqué; s'il a usé de violence ou fait des menaces, etc.

Si le chasseur était propriétaire du terrain sur lequel il a été trouvé chassant, le procès-verbal devra indiquer si ce terrain était entouré ou non d'une clôture continue faisant obstacle à toute communication avec les terrains voisins, et s'il était ou non attenant à une habitation.

Au cas d'emploi de filets ou engins prohibés, on ajoutera: Nous avons ensuite sommé le sieur , au nom de la loi, de nous remettre les filets *ou* l'instrument dont il a fait usage; ce à quoi il a obtempéré *ou* refusé d'obtempérer. (Si le délinquant refuse de remettre les filets, le garde ne doit pas user de violence pour l'y obliger; mais s'il est en mesure de requérir la force armée et de se procurer main-forte, il peut obliger le délinquant à les lui remettre, et il doit les déposer au greffe du tribunal correctionnel.

4. *Procès-verbal pour contravention aux arrêtés des préfets concernant les oiseaux de passage, gibier d'eau, chasse en temps de neige, emploi de chiens lévriers, ou concernant la destruction des oiseaux et celle des animaux nuisibles ou malfaisants.* (Art. 9, § 1, 2, 1 et 2; art. 11, § 3.)

L'an et le du mois d , nous (*comme à la formule précédente*).

Nous avons aperçu dans (*indiquer le lieu*) un individu que nous avons reconnu être le sieur , et qui était (*indiquer les faits contraires aux prescriptions des arrêtés du préfet*).

Et attendu que le fait par nous constaté constitue une contravention à l'arrêté de M. le préfet en date du (*date*) sur (*indiquer l'objet de l'arrêté*), nous avons déclaré au sieur que nous en allions dresser contre lui notre procès-verbal.

En foi de quoi, nous avons rédigé le présent procès-verbal, que nous avons clos et signé à , les jour, mois et an ci-dessus.

5. *Procès-verbal pour avoir pris ou détruit, sur le terrain d'autrui, des œufs ou couvées de faisans, de perdrix ou de cailles* (art. 4, et 11 § 4).

L'an et le du mois d (*comme à la formule n° 3*).

Nous avons aperçu *ou* rencontré dans (*indiquer le lieu*), appartenant à , un individu qui était occupé à la recherche d'œufs *ou* couvées de faisans, *ou* de perdrix, *ou* de cailles; *ou bien* qui portait dans un panier des œufs *ou* des couvées de (*désigner l'espèce et la quantité*). L'ayant interpellé de nous décliner ses nom et prénoms, ainsi que le lieu où il a pris les œufs *ou* couvées dont nous l'avons trouvé porteur, il nous a déclaré (*consigner la réponse*).

Nous lui avons aussitôt fait remarquer que la destruction des œufs ou couvées de faisans, *ou* de perdrix, *ou* de cailles, étant formellement défendue par la loi, il était en contravention, et que pour ce fait, nous allions contre lui dresser procès-verbal.

En foi de quoi, etc.

6. *Procès-verbal contre tout fermier du droit de chasse qui aurait contrevenu aux clauses et conditions du cahier des charges de son bail.* (Article 11, § 5.)

L'an et le du mois d , nous (*comme à la formule n° 3*).

Nous avons aperçu *ou* rencontré dans (*indiquer le lieu*) le sieur (*nom, prénoms, profession et do-*

micile), fermier du droit de chasse dans les propriétés communales *ou* dans tout le canton d , lequel (*énoncer les faits constituant une contravention aux clauses et conditions particulières du cahier des charges*).

Nous avons aussitôt déclaré au sieur que le fait que nous venons de constater constituant une contravention à l'article (*le numéro de l'article*) du cahier des charges de son bail à ferme, nous allions contre lui en dresser procès-verbal.

En foi de quoi, nous avons rédigé le présent procès-verbal, que nous avons clos et signé à , les jour, mois et an ci-dessus.

7. *Procès-verbal pour chasse en temps prohibé* (art. 1, 3, et 12 § 1er).

L'an et le du mois d , nous (*comme à la formule no 3*), nous avons aperçu dans (*désigner le lieu, en indiquant si les terres étaient dépouillées ou non de leurs fruits*), appartenant au sieur un individu qui chassait, *ou bien* nous avons aperçu le sieur qui chassait dans (*indiquer le lieu*), lui appartenant, armé d'un fusil (*désigner le fusil ou tout autre instrument de chasse dont le chasseur était porteur*), et suivi d'un chien de chasse.

Nous étant approché de lui, nous l'avons sommé de nous dire son nom et son domicile, ce à quoi il s'est refusé *ou* ce à quoi il a répondu (*consigner la réponse*). Nous lui avons fait observer qu'il n'était pas permis dans cette saison de chasser, même sur ses propriétés; que la chasse était défendue, et que, vu sa contravention, nous allions dresser contre lui notre procès-verbal.

En foi de quoi, nous avons rédigé le présent procès-verbal, que nous avons clos et signé à , les jour, mois et an ci-dessus.

Nota. Il n'est pas permis de saisir le gibier dont peut être porteur le chasseur.

8. *Procès-verbal contre ceux qui sont détenteurs ou ceux qui seront trouvés munis ou porteurs, hors de leur domicile, de filets, engins ou autres instruments de chasse prohibés* (art. 9, et 12 § 3.)

L'an et le du mois d , nous (*comme à la formule n° 3*), nous avons rencontré *ou* aperçu dans (*désigner le lieu*) le sieur (*nom, prénoms et domicile*), qui était porteur de (*désigner et décrire les filets, engins ou instruments prohibés*), instruments de chasse prohibés.

Nous lui avons demandé où il allait, quel usage il comptait faire desdits filets ou instruments, ce à quoi il nous a répondu (*consigner la réponse*).

Et attendu que le fait seul de la détention desdits objets constitue une contravention à la loi du 4 mars 1844, nous lui avons déclaré que nous en allions dresser procès-verbal contre lui.

En foi de quoi, nous avons rédigé le présent procès-verbal, que nous avons clos et signé à les jour, mois et an ci-dessus.

9. *Procès-verbal pour vente, achat, transport ou colportage de gibier pendant le temps où la chasse n'est pas permise* (*art. 4, et* 12 § 4).

L'an et le du mois d , heure d , nous (*maire, adjoint, commissaire de police, officier, maréchal des logis ou brigadier de gendarmerie, gendarme, garde forestier, garde-pêche, ou garde champêtre*), de la commune d *ou* de la résidence d , passant sur le chemin *ou* dans la rue d , *ou* étant à faire notre tournée dans , avons remarqué un individu conduisant une charrette attelée d , *ou* portant un panier que nous avons reconnu être rempli de gibier (*en indiquer la nature et la quantité par espèces*).

Nous avons aussitôt interpellé ledit individu de nous déclarer ses nom, prénoms, profession et demeure, à quoi il a répondu (*consigner exactement la déclaration*).

Dans le cas de visite chez les aubergistes, on mettra : Faisant notre visite chez les aubergistes, marchands de comestibles, et dans les autres lieux publics, nous avons trouvé chez le sieur (*nom, prénoms, profession et demeure, et indiquer la nature et la quantité par espèces du gibier trouvé.*)

Et attendu que l'arrêté de M. le préfet, en date du , a fixé la clôture de la chasse au (*date*), et que, pendant que la chasse n'est pas permise, la vente, l'achat, le transport et le colportage du gibier constituent un délit, aux termes de l'art. 4 de la loi du 3 mai 1844, délit dont le sieur (*nom, prénoms*) s'est rendu coupable par les faits mentionnés ci-dessus, nous avons déclaré audit sieur qu'il serait poursuivi en police correctionnelle pour l'application des peines portées par ladite loi, et avons saisi le gibier trouvé en sa possession, pour ledit gibier être immédiatement livré à l'hospice, *ou* au bureau de charité, *ou* à l'établissement de bienfaisance le plus voisin, en vertu de l'ordonnance de M. le juge de paix (*si la saisie a lieu au chef-lieu de canton et si le juge est présent*), *ou* de l'autorisation de M. le Maire d (*dans les autres cas*).

Nous lui avons déclaré de plus que nous allions dresser contre lui un procès-verbal, le sommant de nous accompagner pour être présent à sa rédaction et le signer, ce à quoi il s'est refusé *ou* il a obtempéré.

Fait à , les jour, mois et an ci-dessus.

10. *Ordonnance du juge de paix ou du maire pour faire délivrer le gibier saisi à l'établissement de bienfaisance le plus voisin* (*art. 4, et 12 § 4.*)

Nous (*nom et prénoms*), juge de paix du canton d

Ou maire de la commune d

Vu le procès-verbal en date de ce jour, dressé contre le sieur par le garde champêtre de la commune d , pour fait de vente, achat, transport ou colportage de gibier, lequel gibier saisi par le garde champêtre consiste en (*quantité et espèces*);

Vu l'art. 4 de la loi du 3 mai 1844;

Avons ordonné que par ledit garde (*nom*), les pièces de gibier ci-dessus indiquées seront immédiatement livrées à l'hospice d *ou* au bureau de charité d (*l'établissement le plus voisin*).

Fait à le (*Signature.*)

Reçu les objets énoncés avec la présente ordonnance.

A le 18

Les Administrateurs de l'établissement,

11. ***Procès-verbal contre ceux qui auront employé des drogues ou appâts qui sont de nature à enivrer le gibier ou à le détruire*** (*Art.* 9, *et* 12 § 5).

L'an et le du mois d , nous (*comme à la formule n° 3*), avons surpris le nommé (*nom, prénoms, profession et demeure*) jetant *ou* répandant sur (*désigner le lieu*) quelque objet que nous avons soupçonné être des drogues ou appâts nuisibles pour détruire le gibier.

Nous étant approché, nous avons reconnu que les substances employées par ledit sieur et qu'il venait de jeter, *ou* placer, *ou* répandues à terre (*ou de toute autre façon qu'on désignera*), étaient (*dire quelles substances*), substances ou appâts prohibés par la loi.

Nous avons aussitôt fait observer au sieur qu'il était en contravention pour avoir employé des substances nuisibles pour enivrer et détruire le gibier, et nous lui avons déclaré que, pour ce fait, nous allions dresser procès-verbal contre lui.

En foi de quoi, nous avons rédigé le présent procès-verbal à   les jour, mois et an ci-dessus.

FIN.

[illegible], et nous lui avons déclaré que, [illegible], nous allons dresser procès-verbal contre lui.

En foi de quoi, nous avons rédigé le présent procès-verbal à [illegible] ces jour, mois et an que dessus.

FIN.

que les élèves pourront y puiser, ils trouveront de grands sujets d'enseignement dans les traits de courage, de vertu, de noble indépendance dont brille notre histoire. Ces leçons parleront avec d'autant plus de force à leurs jeunes âmes, qu'elles seront données par nos pères.

(*Avis de l'éditeur.*)

LE CHRÉTIEN instruit sur la religion et formé à la pratique de la vraie piété, avec les vêpres du dimanche et des principales fêtes. 1 vol. in-24, reliure basane, 60 c.

Excellent petit ouvrage rempli de la plus saine morale et qu'on donne en lecture dans les écoles, en même temps qu'il sert de livre d'église ; l'approbation diocésaine en a été faite en ces termes :

« Ce livre est très-propre à faire goûter les vérités qui y sont traitées, tant par la facilité du style, que par l'onction que le respectable auteur a su y répandre. »

NOUVEAU Syllabaire pour apprendre à lire très-promptement, par M. Morin, recteur d'académie, 12 tableaux in-4 qui peuvent se coller sur carton. en feuille, 30 c.
Sur carton, 1 fr.

Les succès extraordinaires qu'on obtient au moyen de cette méthode justifient tous les éloges qu'on en a fait.

L'auteur a apporté dans la composition de cet ouvrage élémentaire la méthode remarquable qui distingue ses ouvrages, notamment sa géographie élémentaire, qui est répandue dans toutes les écoles.

NOUVELLE instruction des jeunes gens, ou Leçons de morale pour tous les âges, contenant les devoirs de l'homme envers Dieu, envers lui-même et envers la société, etc., par J. L. P. Grenoble, 1839, 1 vol. in-18, cartonné, 1 fr. 5 c.

Il règne dans cet ouvrage beaucoup d'ordre et de clarté. Les raisonnements en sont solides et cependant à la portée de tout le monde ; courts et cependant toujours clairs.... Nous croyons donc cet ouvrage utile, et nous en recommandons la lecture.

(*Extrait de l'approbation donnée à ce livre par Mgr l'évêque de Grenoble.*)

PETIT Cours de législation à l'usage des écoles primaires. Grenoble, 1835, 1 vol. in-12, cartonné, 50 c.

Ce petit volume renferme les éléments de toutes nos lois, des modèles et instructions pour tous les actes.

Il contient en même temps les meilleurs principes de morale dans leur application à la vie sociale.

LES VŒUX de l'Enfance, ou Recueil de compliments pour le jour de l'an et les fêtes anniversaires et de morceau propres à orner la mémoire de la jeunesse, suivi de lettres en prose sur le même sujet, 1 vol. in-18, broché, 60 c.

LE JOUR de l'an. Recueil de compliments et de modèles de lettres. 1 vol. in-18, broché, 30 c.
— Le même, sans lettres, 15 c.

Ces trois petits livres sont imprimés avec beaucoup de soin et sur très-joli papier.

Le choix des morceaux qui les composent est fait avec beaucoup de soin, et toujours approprié à l'âge auquel il est destiné.

RÈGLEMENT pour les enfants qui fréquentent les écoles chrétiennes. Grenoble, Prudhomme. 1 vol. in-32, broché, 10 c.
— Le même, cartonné, 15 c.

RÉSUMÉ de la méthode pour l'enseignement universel, suivi des six premiers livres des Aventures de Télémaque, pour leur application à la langue française, par le comte de LASTEYRIE. Grenoble, 1829, 1 vol. in-12, broché ; 50 c.

SCIENCE (la) du bonhomme Richard et Conseils pour faire fortune, avec une notice sur Benjamin

Franklin et les statuts de la caisse d'épargne de Grenoble ; brochure in-18, 20 c.

Tout est réuni dans ce livre pour inspirer de bonne heure aux enfants des idées d'ordre et d'économie, et pour leur apprendre, quand ils auront fait des épargnes, à les conserver.

LETTRES à ma femme sur les écoles de la première enfance, dites salles d'Asiles, par J. REY. Grenoble, 1835, 1 vol. in-8o, br. 3 fr.

Cet ouvrage est la meilleure théorie-pratique qui existe sur l'éducation morale et intellectuelle des enfants. Le grand succès qu'ont obtenu ces lettres justifie cet éloge.

Les villes de Paris, d'Angers, de Grenoble, etc., se sont empressées de les distribuer dans toutes leurs écoles.

PRINCIPES de littérature d'après l'Académie, ou Réponse aux questions proposées pour le grade de bachelier ès lettres, par un membre de l'université. Grenoble, 1840, in-18 cart., 75 c.

Ce cours de littérature, le plus complet de tous ceux qui ont été publiés jusqu'à ce jour, convient non-seulement aux jeunes gens qui se préparent pour le grade de bachelier, mais encore aux personnes qui veulent finir leurs études de français par une connaissance générale des différents genres d'écrire et des règles qui s'y rapportent.

MANUEL classique de chronologie universelle, publié par Am. SÉDILLOT. Paris, 1836, in-18, br., 2 fr. 50

L'auteur a eu le talent de comprendre, dans le cadre d'un volume in-18, la chronologie de tous les faits arrivés jusqu'à nous, et des rois de toutes les monarchies du monde. Il a fait ainsi de ce manuel un vade-mecum qui doit se trouver sur tous les secrétaires. La modicité de son prix est un motif de plus pour le rendre extrêmement populaire.

COURS d'Histoire sainte, suivi d'un abrégé de la vie de Jésus-Christ et de l'histoire de l'Eglise jusqu'à nos jours, à l'usage des colléges, petits séminaires, maisons d'éducation et écoles primaires, ouvrage approuvé par NN. SS. les évêques de Grenoble, de Gap, de Valence et de Viviers; in-18, cart., 75 c.

Voici en quels termes Mgr l'évêque de Grenoble a approuvé cet ouvrage :

« Nous avons fait examiner le *Cours d'histoire sainte* soumis à notre approbation. L'auteur de ce cours élémentaire a paru réunir les avantages et éviter les défauts de ceux qui l'ont précédé dans la même carrière. Le choix des faits est bien assorti au jeune âge, l'ordre est méthodique; les réflexions, en général fort courtes, sont appropriées aux besoins et à la capacité de la jeunesse; le style est correct, les divisions et les époques sont bien présentées et faciles à retenir.

Voilà ce qui frappe à la première lecture de ce bon abrégé; voilà ce qui lui assure la préférence sur plusieurs autres ouvrages du même genre; voilà ce qui lui mérite l'approbation que nous lui donnons, d'autant plus volontiers que le succès tournera à l'avantage de la religion.

En conséquence, nous en recommandons l'usage dans les familles chrétiennes, dans les écoles, maisons d'éducation et petits séminaires de notre diocèse. »

Les approbations de MMgrs les évêques de Gap, de Valence et de Viviers sont aussi honorables.

Cette histoire sainte, imprimée pour la première fois à la fin de 1836, compte déjà six éditions. Les améliorations qu'on y a faites successivement l'ont généralement fait préférer par tous les établissements d'éducation qui en ont pris connaissance.

Sa division, simplifiée autant que possible, aide beaucoup le jeune élève à graver dans sa mémoire la foule de faits et dates que contient ce petit livre. Des tableaux synoptiques rattachent ensuite tous les faits importants de l'histoire profane aux faits importants de l'histoire sainte, et dispense ainsi d'apprendre séparément un tableau chronologique, dont l'étude est d'une grande sécheresse, isolée de tout cours d'histoire.

S'adresser, pour l'achat de ce livre, à MM. Vellot et compe, nos successeurs comme libraires.

ÉLÉMENTS de dessin linéaire à l'usage des écoles normales et primaires, contenant 1o les éléments théoriques du dessin linéaire; 2o les questions sur lesquelles sont examinés les élèves qui veulent prendre leur brevet de capacité, et les réponses développées à ces questions; 3o 50 planches extrêmement variées de modèles de dessin, de lignes, de corps et de surfaces géométriques, et d'une infinité de sujets usuels dans les métiers, le commerce, l'économie domestique, les arts, etc., par M. Brossard, professeur à l'école normale. 4e édit. Grenoble, 1844, in-4o, oblong, br., 3 fr.

L'accueil fait à cet ouvrage par les écoles normales et l'écoulement rapide des premières éditions a suffisamment démontré que son exécution est parfaitement appropriée aux besoins des études et de la pratique.

Nous ajouterons que les éléments théoriques, et la solution des questions dont le dessin linéaire est l'objet dans les examens, sont parfaitement mis à la portée des jeunes gens qui veulent, même seuls, acquérir quelques connaissances sur cette partie des sciences qui s'applique à tout et qui est indispensable dans toutes les professions.

LEÇONS de botanique à l'usage des jeunes gens des deux sexes, ou Instructions sur le règne végétal présentées à l'Esprit et au Cœur, par Mme de Bonifas-Guizot. Grenoble. 1840, in 12, br. 2 f. 50

www.ingramcontent.com/pod-product-compliance
Lightning Source LLC
Chambersburg PA
CBHW060648210326
41520CB00010B/1791
9782011314093